2010 年中国的国防

（2011 年 3 月）

中华人民共和国
国务院新闻办公室

人民出版社

目　录

前　　言

21 世纪的头十年，国际社会在开放与合作中发展，在危机与变革中前行。共同分享发展机遇，共同应对各种挑战，已成为各国的广泛共识。同舟共济、互利共赢，是实现人类共同发展繁荣的必由之路。

中国已经站在新的历史起点上，中国的前途命运与世界的前途命运更加密不可分。面对共同的机遇和挑战，中国坚持互信、互利、平等、协作的新安全观，把中国人民的根本利益与世界人民的共同利益联系起来，把中国的发展与世界的发展联系起来，把中国的安全与世界的和平联系起来，努力以自身的和平发展推动建设持久和平、共同繁荣的和谐世界。

面向 21 世纪的第二个十年，中国将继续抓住国家发展的重要战略机遇期，深入贯彻落实科学发展观，坚持走和平发展道路，奉行独立自主的和平外交政策和防御性国防政策，统筹经济建设和国防建设，在全面建设小康社会进程中实现富国和强军的统一。

一、安全形势

当前，国际形势正在发生新的深刻复杂变化。经济全球化、世界多极化、社会信息化进程不可逆转，和平、发展、合作的时代潮流不可阻挡，但国际战略竞争和矛盾也在发展，全球性挑战更加突出，安全威胁的综合性、复杂性、多变性日益明显。

世界保持总体和平稳定的基本态势。国际社会携手应对国际金融危机初显成效，各国抓紧调整发展战略和模式，全力打造新的经济增长点，科技创新孕育新的突破，经济全球化有新的发展。国际力量对比出现新态势，新兴大国和发展中国家经济实力、国际地位和国际影响力显著增强，世界多极化前景更加明朗。国际体系改革大势所趋，全球经济金融治理机制建设逐步推进，二十国集团作用增强，联合国等国际政治、安全体系改革成为关注焦点。国际关系深刻调整，国家间经济相互依存加深、共同挑战增多，沟通、协调、合作成为大国关系的主流。维护和平、制约战争的因素不断增长，人类的前途命运总体光明。

国际安全形势更加复杂。围绕国际秩序、综合国力、地缘政治等的国际战略竞争日趋激烈，发达国家与发展中国家、传统大国与新兴大国矛盾不时显现,局部冲突和地区热点此起彼伏,一些国家因政治、经济、民族、宗教等矛盾引发的动荡频仍,天下仍不太平。导致国际金融危机的深层次矛盾和结构性问题尚未解决,世界经济复苏的不稳定、不均衡性依然突出。恐怖主义、经济安全、气候变化、核扩散、信息安全、自然灾害、公共卫生安全、跨国犯罪等全球性挑战对各国安全威胁明显增大。传统与非传统安全问题交织,国内与国际安全问题互动,传统安全观念和机制难以有效应对当今世界的诸多安全威胁和挑战。

国际军事竞争依然激烈。主要国家加紧调整安全和军事战略,加快军事改革步伐,大力发展军事高新技术。一些大国制定外层空间、网络和极地战略,发展全球快速打击手段,加速反导系统建设,增强网络作战能力,抢占新的战略制高点。部分发展中国家保持强军势头,推进军队现代化。国际军控进程有所推进,但防止大规模杀伤性武器扩散形势错综复杂,维护和加强国际防扩散机制任重道远。

亚太地区安全形势总体稳定。亚洲率先实现经济复苏,整体崛起态势进一步巩固。亚洲各国抓住经济全球化和区域经济一体化机遇,致力于促进经济发展和地区稳定,利益共同体和命运共同体意识增强;坚持多边主义和开放的地区主义,积极发展与域内外国家的双边多边合作,努力建设具有地区特色的经济与安全合作机制。上海合作组织在促进地区稳定和发展方面影响增强,东盟共同体建设逐步推进,中国与东盟、东盟与中日韩、中日韩等合作不断深化,亚太经济合作组织继续发展。

亚太地区安全的复杂性、多变性趋于明显。地区热点久拖不决,朝鲜半岛形势不时紧张,阿富汗安全形势依然严峻,部分国家政局动荡。民族和宗教矛盾突出,领土和海洋权益争端时有升温,恐怖主义、分裂主义、极端主义活动猖獗。亚太地区战略格局酝酿深刻调整,相关大国增加战略投入。美国强化亚太军事同盟体系,加大介入地区安全事务力度。

中国仍处在发展的重要战略机遇期,安全环境总体有利。有效应对国际金融危机冲击,保持经济平稳较快发展,积极维护国家安全和社会稳定,综合国力迈上新台阶。加强同传统大国和新兴大国的协调合作,深化同周边国家的睦邻友好和务实合作,拓展同广大发展中国家的互利合作,在共同应对全球性挑战中发挥独特作用。中国政府制定并实施新形势下推动两岸关系和平发展的方针政策,促进台海局势保持和平稳定,两岸关系取得重大积极进展。两岸在反对"台独"、坚持"九二共识"基础上增进政治互信,开展对话协商,就全面实现两岸直接双向"三通"、推进经济金融合作等达成一系列协议。两岸关系和平发展符合两岸同胞的利益和愿望,也受到国际社会的普遍欢迎。

中国面临的安全挑战更加多元和复杂。中国有辽阔的国土和海域,正处在全面建设小康社会的关键时期,维护国家安全任务繁重。"台独"分裂势力及其分裂活动仍是两岸关系和平发展的最大障碍和威胁。两岸关系发展还面临不少复杂因素的制约。"东突"、"藏独"分裂势力对国家安全和社会稳定造成严重危害。维护国家领土主权、海洋权益压力增大,恐怖主义的现实威胁存在,能源资源、金融、信息、自然灾害等非传统安全问题上升。来自外部的疑虑、干扰和牵制增加。美国违反中美三个联合公报原则,继续向台湾出售武器,严重损害中美关系和两岸关系和平发展。

面对纷繁复杂的安全形势,中国高举和平、发展、合作的旗帜,坚持综合安全、合作安全、共同安全的理念,奉行互信、互利、平等、协作的新安全观,全面维护国家政治、经济、军事、社会、信息等各领域安全,与世界各国一道共同营造和平稳定、平等互信、合作共赢的国际安全环境。

二、国防政策

中国奉行防御性的国防政策。依照宪法和法律，中国武装力量肩负对外抵抗侵略、保卫祖国，对内维护社会大局稳定、保卫人民和平劳动的神圣职责。建设与国家安全和发展利益相适应的巩固国防和强大军队，是中国现代化建设的战略任务，是中国各族人民的共同事业。

中国的发展道路、根本任务、对外政策和历史文化传统，决定中国必然实行防御性的国防政策。中国坚定不移地走和平发展道路，对内努力构建社会主义和谐社会，对外推动建设持久和平、共同繁荣的和谐世界。中国坚定不移地推进改革开放和社会主义现代化建设，既利用和平的国际环境发展自己，又通过自己的发展维护世界和平。中国坚定不移地奉行独立自主的和平外交政策，在坚持和平共处五项原则的基础上同所有国家发展友好合作。中国坚定不移地秉承中华民族优秀文化传统和以和为贵的和平理念，主张用非军事手段解决争端、慎重对待战争和战略上后发制人。不论现在还是将来，不论发展到什么程度，中国都永远不称霸，永远不搞军事扩张。

两岸统一是中华民族走向伟大复兴的历史必然。海峡两岸中国人有责任共同终结两岸敌对的历史,竭力避免再出现骨肉同胞兵戎相见。两岸应积极面向未来,努力创造条件,通过平等协商,逐步解决历史遗留问题和两岸关系发展进程中的新问题。两岸可以就在国家尚未统一的特殊情况下的政治关系展开务实探讨。可以适时就军事问题进行接触交流,探讨建立军事安全互信机制问题,以利于共同采取进一步稳定台海局势、减轻军事安全顾虑的措施。两岸应在一个中国原则的基础上协商正式结束敌对状态,达成和平协议。

新时期中国国防的目标和任务,主要有以下内容:

——维护国家主权、安全、发展利益。防备和抵抗侵略,保卫领陆、内水、领海、领空的安全,维护国家海洋权益,维护国家在太空、电磁、网络空间的安全利益。反对和遏制"台独",打击"东突"、"藏独"等分裂势力,捍卫国家主权和领土完整。服从服务于国家发展战略和安全战略,维护国家发展的重要战略机遇期。贯彻新时期积极防御的军事战略方针,坚持独立自主和全民自卫原则,加强武装力量建设和边防、海防、空防建设,加强国家战略能力建设。中国始终奉行不首先使用核武器的政策,坚持自卫防御的核战略,不与任何国家进行核军备竞赛。

——维护社会和谐稳定。中国武装力量忠实践行全心全意为人民服务的宗旨,积极参加和支援国家经济社会建设,依法维护国家安全和社会稳定。发挥人才、装备、技术、基础设施等方面的有利条件,为地方基础设施和重点工程建设、扶贫帮困和改善民生、生态环境建设贡献力量。科学组织非战争军事行动准备,针对面临的非传统安全威胁搞好战略预置,加强应急专业力量建设,提高遂行反恐维稳、应急救援、安全警戒任务的能力。坚决完成抢险救灾等急难险重任务,保护人民群众生命财产安全。把维护社会大局稳定作为重要任务,坚决打击敌对势力颠覆破坏活动,打击各种暴力恐怖活动。发扬拥政爱民光荣传统,严格遵守国家政策法规,巩固军政军民团结。

——推进国防和军队现代化。着眼2020年基本实现机械化并使信息化建设取得重大进展的目标,坚持以机械化为基础,以信息化为主导,广泛运用信息技术成果,推进机械化信息化复合发展和有机融合。拓展和深化军事斗争准备,牵引和带动现代化建设整体发展。深化信息化条件下联合作战理论研究,推进高新技术武器装备建设,发展新型作战力量,着力构建信息化条件下联合作战体系。深入推进机械化条件下军事训练向信息化条件下军事训练转变,加紧实施人才战略工程,加大全面建设现代后勤力度,提高以打赢信息化条件下局部战争能力为核心的完成多样化军事任务能力,全面履行新世纪新阶段军队历史使命。统筹经济建设和国防建设,实行军民融合式发展,建立完善军民结合、寓军于民的武器装备科研生产体系、军队人才培养体系和军队保障体系。积极稳妥地深化国防和军队改革,加强战略筹划和管理,努力推进国防和军队建设科学发展。

——维护世界和平稳定。坚持互信、互利、平等、协作的新安全观,主张用和平方式解决地区热点问题和国际争端,反对任意使用武力或以武力相威胁,反对侵略扩张,反对霸权主义和强权政治。按照和平共处五项原则开展对外军事交往,发展不结盟、不对抗、不针对第三方的军事合作关系,推动建立公平有效的集体安全机制和军事互信机制。坚持开放、务实、合作的理念,深化国际安全合作,加强与主要国家和周边国家的战略协作和磋商,加强与发展中国家的军事交流与合作,参加联合国维和行动、海上护航、国际反恐合作和救灾行动。支持按照公正、合理、全面、均衡的原则,实现有效裁军和军备控制,维护全球战略稳定。

三、人民解放军的现代化建设

新中国成立 60 多年来,人民解放军的现代化建设取得巨大成就,已由过去单一军种发展成为诸军兵种合成、具有一定现代化水平并开始向信息化迈进的强大军队。近年来,人民解放军按照革命化现代化正规化相统一的原则加强军队全面建设,不断把中国特色军事变革推向前进。

军队现代化发展历程

新中国成立后,人民解放军确立了建设优良的现代化革命军队的总方针总任务。建设海军、空军以及其他技术兵种,发展机械化武器装备和用于自卫的核武器,建立正规化军事制度和院校教育体系,加强思想政治工作,在军队指挥、编制、训练、制度等方面实现一系列变革,开始由军队建设的初级阶段向掌握现代军事科学技术的高级阶段转变。

在改革开放的历史条件下,人民解放军走上中国特色精兵之路。军队建设指导思想实行从临战状态向和平时期建设的战略性转变,在服从和服务于国家建设大局的前提下,有计划有步骤地推进以现代化为中心的军队建设。按照精兵、合成、高效的原则进行重大调整改革,减少数量,提高质量,增强军队在现代战争条件下的自卫能力。

适应世界军事发展新趋势,人民解放军按照政治合格、军事过硬、作风优良、纪律严明、保障有力的总要求全面建设部队。把推进中国特色军事变革作为军队现代化发展的必由之路,实施科技强军战略,逐步实现由数量规模型向质量效能型、由人力密集型向科技密集型转变。制定"三步走"发展战略,走以机械化为基础、以信息化为主导的跨越式发展道路。以军事斗争准备牵引现代化建设,提高信息化条件下的防卫作战能力。

面对国家安全需求的新发展新变化,人民解放军在更高的起点上推进现代化。适应打赢信息化条件下局部战争要求,加强新型作战力量建设,加强以信息化为主导的机械化信息化复合发展,提高基于信息系统的体系作战能力,实现火力、机动力、防护力、保障力和信息力整体提高。

陆军、海军、空军和第二炮兵建设

陆军按照机动作战、立体攻防的战略要求,加大改革创新和建设力度,推进部队整体转型。加强新型作战力量建设,优化部队编成结构,强化信息化条件下军事训练,加快主战装备数字化升级改造、新型武器平台成建制换装,远程机动与综合突击能力显著增强。陆军机动作战部队包括18个集团军和部分独立合成作战师(旅)。集团军由师、旅编成，分别隶属于沈阳、北京、兰州、济南、南京、广州、成都7个军区。

陆军兵种建设取得重大进展。装甲兵加强数字化部队建设，加快摩托化部队改建机械化部队步伐，重型、轻型、两栖和空降突击作战体系不断完善。炮兵发展信息化程度较高的武器装备和新型弹药，形成战役战术全纵深火力打击体系，具备一定的侦察、控制、打击、评估一体的精确作战能力。防空兵加快发展新型雷达、指挥信息系统和中高空地空导弹，形成新型弹炮结合的火力拦截体系，具备较强的对空作战能力。陆军航空兵加快推进由支援保障型向主战突击型转变，进一步优化作战力量结构，根据任务需要实行模块化编组，改进武装、运输和勤务直升机性能，火力突击、战场投送和支援保障能力明显增强。工程兵加速建设平战结合、反应灵活、多能一体的新型作战保障力量，加强抢险救灾应急专业力量建设，综合作战保障能力和遂行非战争军事行动任务能力进一步提高。防化兵积极推进平战结合、军民结合、军兵种结合的核生化防护一体化建设，形成较强的全时空、全地域核生化防护保障能力。

海军按照近海防御的战略要求，注重提高综合作战力量现代化水平，增强战略威慑与反击能力，发展远海合作与应对非传统安全威胁能力。突出正规系统的基础训练，加强复杂电磁环境下实战化训练，作战能力进一步提高。组织舰艇编队远海训练，建立非战争军事行动训练模式。按计划补充部分新型潜艇、护卫舰、飞机和大型保障舰船。加强综合保障基地建设,基本形成与兵力部署相一致、与武器装备发展相协调的岸基保障体系。加快海上后勤保障平台建设,大型万吨级制式医院船以及救护艇、救护直升机装备部队,进一步提高了海上保障能力。探索海上长时间执行任务的后勤保障方法。海军下辖北海、东海和南海3个舰队,舰队下辖舰队航空兵、保障基地、舰艇支队、水警区、航空兵师和陆战旅等部队。

空军按照攻防兼备的战略要求,有计划推进现代化转型建设。充实完善空军发展战略和人才发展战略,深化信息化条件下空军作战和转型问题研究。加强以空中进攻、防空反导、战略投送为重点的作战力量体系建设,健全完善领导指挥体系,建立信息化、网络化、基地化支援保障体系。深入开展复杂电磁环境下体系对抗训练,进行一系列带有战术背景的演习演练和战役集训。加强以首都为中心、边境沿海一线为重点的日常防空战备工作,组织完成国家重大活动空中安保及抢险救灾、国际救援、应急空运等非战争军事行动任务。陆续装备预警机、第三代作战飞机等先进武器装备。空军下辖沈阳、北京、兰州、济南、南京、广州、成都7个军区空军和1个空降兵军。军区空军下辖航空兵师、地空导弹师(旅、团)、高炮旅(团)、雷达旅(团)、电子对抗团(营)等,航空兵师下辖航空兵团和驻地场站。

第二炮兵按照精干有效的原则,推进部队现代化建设,提高快速反应、有效突防、精确打击、综合毁伤和生存防护能力,战略威慑和防卫作战能力逐步提高。构建具有战略导弹部队特色的军事训练体系,完善基地训练、模拟训练、网络训练条件,开展跨区驻训演练,深化复杂电磁环境下对抗性训练。建成多个重点学科实验室、专业实验室和基础教学实验室,成功研制导弹自动化测试系统、战役战术指挥控制系统、战略导弹训练模拟系统、作战阵地人员生存保障系统。加强安全体系建设,严格落实安全制度,确保导弹武器装备、作战阵地等重点要害部位安全,在核武器管理方面始终保持良好安全记录。经过多年建设发展,第二炮兵已经成为一支核常兼备的战略力量。

加快信息化建设

人民解放军紧紧围绕建设信息化军队、打赢信息化战争的战略目标,整体设计,分步实施,努力解决制约体系作战能力形成和提高的突出问题,部队信息化条件下作战能力明显提升。

信息基础设施建设实现跨越式发展。国防通信光纤总里程与十几年前相比大幅增长,建成以光纤通信为主,以卫星、短波通信为辅的新一代信息传输网络。

侦察情报、指挥控制和战场环境信息系统建设取得长足进步,后勤和装备保障业务信息系统得到推广应用。指挥控制系统与作战力量和保障系统初步实现互联互通,命令传输、情报分发和指挥引导更加快捷高效。

信息化建设的战略筹划和领导管理得到加强,法规标准和政策制度进一步完善。采取业务集训、远程教学等多种形式,普及信息化知识,开展技能培训。联合作战指挥人才、信息化建设管理人才、信息技术专业人才、新装备操作和维护人才队伍建设取得明显成效,适应信息化建设需要的高素质新型军事人才群体逐步扩大。

构建联合作战体系

人民解放军坚持把联合作战体系建设作为军队现代化建设和军事斗争准备的重点内容,提高基于信息系统的体系作战能力。

深化作战理论研究。发布施行新一代联合战役、联合作战指挥条令及相关保障条令,编写一系列联合战役学科理论专著和训练教材,基本形成联合作战理论体系和联合战役训练方法体系。

加强作战力量建设。适应军队信息化建设需要,改革完善领导指挥体制,调整优化作战力量编成结构,充实新型作战力量和保障力量,突出陆上群队、海上编队和空中编队建设,积极推进军兵种建设转型,逐步提高模块化编组和合成化使用水平,努力构建精干、联合、多能、高效的作战力量体系。

完善作战指挥体系。按照权威、精干、灵便、高效的要求,加快构建体系健全、编成合理,平战一体、三军联合,机制完善、顺畅高效的联合作战指挥体系。

提高综合保障能力。按照体系保障、精确保障和集约保障的要求,加强综合作战与保障基地建设,优化战场布局,完善指挥控制、侦察情报、通信、测绘导航、气象水文阵地工程和后方仓库、军事交通、装备修理设施,初步形成适应武器装备发展、满足部队遂行攻防作战任务需要的战场支援保障能力。健全联合保障机制,提高综合保障信息化水平,基本建成战略战役战术保障相衔接的综合支援保障体系。

推进军事训练转变

人民解放军坚持把军事训练作为生成和提高部队战斗力的基本途径,全面深化训练改革,积极推进机械化条件下军事训练向信息化条件下军事训练转变。

改革军事训练内容。按照新一代《军事训练与考核大纲》组织实施训练,加强首长机关指挥训练,强化指挥信息系统和信息化武器装备操作训练,突出信息化知识学习。加强使命课题训练,推进维护海洋、太空和电磁空间安全的研究与训练,有针对性地开展非战争军事行动训练。研究电子对抗装备技术性能和战术运用特点,加强抗干扰训练、电子对抗训练,开展复杂电磁环境下作战行动演练。

创新军事训练方式方法。坚持以上带下,以战略训练统领战役训练,以联合战役训练引领军种战役训练,以战役指挥训练带动部队训练,促进各层次训练有机衔接。依托指挥信息系统,进行各类作战单元合成训练、各种作战要素集成训练和全系统全要素联合训练。深化编组联训、对抗性训练,突出复杂电磁环境、复杂陌生地形、复杂气候条件下训练,开展战役级首长机关带建制师(旅)跨区演习,加大训练考核评估力度,按实战要求、战时编组和作战流程组织训练。

改进军事训练手段。加紧建设适应联合训练需要的大型综合训练基地,加快合同战术训练基地以复杂电磁环境建设为重点的信息化改造,发展模拟训练器材和系统,完善军事训练信息网络。

深化训练管理改革。优化训练领导管理体制,完善训练法规,落实训练责任制。改革训练考评,细化单位和个人训练标准,加强量化分析评估,推动军事训练全过程全要素精细管理。

创新政治工作

人民解放军以创新精神推动政治工作,使政治工作适应新形势、实现新发展。2010年8月新修订发布的《中国人民解放军政治工作条例》明确提出,军队政治工作必须从思想上、政治上、组织上确保军队始终成为党绝对领导下的人民军队,确保国防和军队建设科学发展,确保有效履行新世纪新阶段军队历史使命。

全军紧贴时代发展、紧贴使命任务、紧贴官兵实际,改进和创新政治工作,增强政治工作的科学性。通过思想教育、舆论引导、文化熏陶等方式,培育"忠诚于党,热爱人民,报效国家,献身使命,崇尚荣誉"的当代革命军人核心价值观。研究新形势给部队建设带来的新情况和给官兵思想带来的新变化,提高政治工作的针对性实效性。建成联通全军部队和院校的政治工作网,为边海防部队配发数字电影播放设备,实现宣传教育网络化和信息传递实时化。

2009年3月印发的《关于加强非战争军事行动政治工作意见》,要求准确把握非战争军事行动中政治工作特点规律,紧贴任务实际开展工作,拓展政治工作的服务保障领域和功能。2009年10月印发的《关于加强新形势下军队心理服务工作的意见》,要求开展心理测评、心理训练和心理危机干预等心理服务工作,规定5年内旅团级部队至少有1名专职心理医生,连级分队有3名以上心理骨干。

实施人才战略工程

人民解放军深入推进人才战略工程,努力培养造就大批高素质新型军事人才。坚持以提高思想政治素质为根本,以加快推进能力转型为主线,以联合作战指挥人才、信息化建设管理人才、信息技术专业人才、新装备操作和维护人才培养为重点,深入推进指挥军官、参谋、科学家、技术专家和士官队伍建设。

深化干部政策制度调整改革。2009年1月发布的《军队干部选拔任用工作程序规定(试行)》,要求进一步扩大民主、规范程序、强化监督,提高选人用人的科学性、准确性和公信度。印发参谋军官、专业技术军官考核评价实施办法和通用考核评价标准，制定专业技术人才政策制度调整改革总体方案。

突出联合作战指挥人才和高层次科技创新人才培养。编印联合作战基础知识读本，开办全军联合作战知识讲座。评选表彰优秀指挥军官和参谋人才，对有发展潜力的优秀参谋和营连主官进行重点培养。着眼培养联合作战指挥人才，改革军事硕士专业学位研究生培养模式。发布施行《军队高层次科技创新人才工程实施办法》，每两年选拔200名科技领军人才和学科拔尖人才培养对象进行重点培养，着重提高科技创新能力。

改进士官选拔培养制度。增加高技术专业士官编制，实行专业技术士官任职技能资格制度，建立选取高级士官专家评议制度，完善士官培训和管理体系。

全面建设现代后勤

人民解放军整体推进全面建设现代后勤，加快保障体制一体化、保障方式社会化、保障手段信息化和后勤管理科学化步伐，提高完成多样化军事任务后勤保障能力。

深化后勤各项改革。以调整职能、理顺关系、优化结构、提高效益为重点，完善济南战区大联勤运行机制。继续推进生活保障社会化，分步实施通用物资储备、军民一体化装备维修等其他保障社会化。加快现有后勤装备升级改造、新一代后勤装备发展论证和关键技术预研,推广军人保障卡系统,展开以战略后勤仓库、战储物资包装和军交运输动态监控为重点的军事物流信息系统建设。全面清理后勤规章制度,完善集供应、消耗、管理于一体的标准制度体系,加大重大建设和改革项目等审计监督力度,推进财经管理、物资采购、医疗、住房、保险等政策制度改革。

严密组织重大行动后勤保障。精心组织新中国成立60周年国庆阅兵后勤保障,在亚丁湾和索马里海域护航、中外联合军演、上海世博会安保、国内外救援等行动中做到保障有力。为部队参加青海玉树抗震救灾和甘肃舟曲特大山洪泥石流灾害救援等行动实施强有力的后勤保障。

提高部队供应保障水平。调整公务事业费、地区性补贴、基层岗位津贴和专业岗位津贴等标准,颁布执行新的食物定量标准和营房标准。扩大军队医疗合理用药目录品种,落实官兵疗养待遇,强化心理卫生服务。完成基层后勤综合配套整治三年规划,有效解决旅团部队、边海防部队和小散远直单位用水、取暖、主副食供应等急难问题。2009年底,圆满完成07式军服换装任务。

加强高新技术武器装备建设

人民解放军加快高新技术装备发展,加强现有装备改造和管理,推进武器装备机械化信息化复合发展。

改善武器装备质量结构。基本建成以第二代为主体、第三代为骨干的武器装备体系,陆军形成以直升机、装甲突击车辆、防空和压制武器为骨干的陆上作战装备体系,海军形成以新型潜艇、水面舰艇和对海攻击飞机为骨干的海上作战装备体系,空军形成以新型作战飞机、地空导弹武器系统为骨干的制空作战装备体系,第二炮兵形成以中远程地地导弹为骨干的地地导弹装备体系。

提升装备管理水平和维修保障能力。推广现代管理手段,提高装备管理规范化和精细化水平。发挥院校、科研院所和生产厂家的作用,加强新型装备人才培养。协调军工科研生产单位加强高技术装备维修保障力量,构建军民一体化装备维修保障体系,形成具备多功能检测、机动抢救抢修、远程技术支援的装备综合维修能力。近年来的抢险救灾、反恐演练和一系列实兵实装训练演习活动,检验了武器装备建设和管理成果,标志着远程跨区机动、远海区域护航和复杂战场环境下的装备保障能力得到明显增强。

谋划武器装备长远发展。科学把握信息技术融合性、系统性、集成性和一体化的特点规律,推进武器平台与综合电子信息系统装备的有机融合、复合发展。利用先进成熟技术和设备,有选择、有重点、成建制开展现有装备系列化集成改造和综合性能提升,提高武器装备建设效益。

四、武装力量运用

中国武装力量适应时代发展和安全形势变化,积极应对多种安全威胁,为维护国家安全和发展利益提供力量支撑,为维护世界和平与促进共同发展发挥重要作用。

保卫边防、海防、空防安全

中国边海防实行军地分工负责的防卫管理体制。军队主要负责边境、沿海和海上防卫警戒,防范、制止和打击外来入侵、蚕食、挑衅以及越界破坏等活动;公安边防部队主要负责边境沿海地区和海上治安管理及口岸出入境边防检查,防范、打击边境沿海地区偷渡、贩毒、走私等违法犯罪,组织参与边境沿海地区的反恐怖和处置突发事件工作;海监、渔政、海事、检验检疫、海关等部门负责相应的维权执法和管理任务。国家设立边海防委员会,在国务院、中央军委领导下,负责协调全国边海防工作。各军区和沿边沿海省、市、县三级均设立边海防委员会,统一协调本辖区的边海防工作。

近年来,人民解放军边海防部队按照强边固防、睦邻友好、维护稳定、促进发展的要求,执行国家有关法律规定和与邻国签订的协定协议,坚持搞好战备执勤,严密防范各类入侵、蚕食和越境渗透破坏活动,及时制止违反边海防政策法规和改变国界线现状的行为,有效维护边境沿海地区和管辖海域的安全稳定。公安边防部队扎实开展边境防控、反恐维稳斗争,加强口岸检查和海上管控,严厉打击偷渡、贩毒、走私等犯罪。2009 年以来共破获各类案件 3.7 万起,缴获非法枪支 3845 支。

国家坚持把军警民联防联管联建作为保卫边海防、建设边海疆的有力保证。近年来,不断完善以军队为主体、各涉边涉海队伍协同配合、边境沿海地区民兵预备役和人民群众广泛参与的力量体系,推进以指挥信息系统为重点、以信息基础设施为支撑的边海防信息化建设,加强边海防基础设施建设,提高了管边控海能力水平,促进了沿边沿海地区经济建设和社会稳定。

空防安全是国家总体安全的重要组成部分。人民解放军空军是保卫国家空防安全的主体力量,陆军、海军和武警部队按照中央军委的指示担负部分空防任务。空军根据中央军委意图对担负防空任务的各种防空力量实施统一指挥。国家空防体系常年处于戒备状态,掌握空中动态,维护空中飞行秩序,组织空中战斗巡逻,处置空中突发情况,坚决捍卫国家领空主权,确保国家空中安全。

维护社会稳定

中国武装力量依照法律规定参加维护社会秩序行动，主要是在地方党委、政府统一领导下，配合公安力量维护正常的社会秩序，保障人民群众安居乐业。

武警部队是国家处置公共突发事件的骨干和突击力量。2009 年以来，参与处置劫持人质事件等严重暴力犯罪事件 24 起，参加捕歼行动 201 起，圆满完成国庆 60 周年、上海世博会和广州亚运会期间安保任务。

2010 年 11 月，中央军委批准发布《军队处置突发事件应急指挥规定》，对军队参加维护社会稳定及处置其他各类突发事件的组织指挥、力量使用、综合保障和军地协调等问题作出明确规定。

参加国家建设和抢险救灾

参加国家建设事业和参加抢险救灾，是宪法和法律赋予中国武装力量的重要任务。

人民解放军和武警部队积极做好以参加和支援西部大开发为重点的支援国家建设工作。两年来，共投入劳动日 1600 多万个，出动机械车辆 130 万台次，参加交通、水电、通信、能源基础设施重点工程建设 600 多项。建立农村扶贫联系点 3500 多个，援建节水灌溉、人畜饮水、道路、水电等小型公共工程 8000 多个。驻西部地区部队植树 1100 万株,成片造林、飞播造林和绿化荒山荒滩 320 万亩。军队医疗卫生系统对口支援西部贫困地区县级医院 130 所,共派出医疗队 351 批次,捐赠仪器设备 110 台件。在四川、陕西、甘肃地震灾区捐资援建 8 所学校和 1 所康复中心。

中国武装力量是抢险救灾的突击力量。2009 年 1 月,中国组建以军队力量为主体的抗洪抢险应急部队、地震灾害紧急救援队、核生化应急救援队、空中紧急运输服务队、交通应急抢险队、海上应急搜救队、应急机动通信保障队、医疗防疫救援队等 8 支国家级应急专业力量,兵力规模 5 万人。2009 年 7 月,武警水电、交通部队 3.1 万人被纳入国家应急救援力量体系。各军区会同有关省(自治区、直辖市)组建省级应急专业力量。

近两年,军队和武警部队共计出动兵力 184.5 万人次,各型车辆(机械)79 万台次、飞机和直升机 181 架次,组织民兵预备役人员 643 万人次,多次参加抗洪、抗震、抗旱、抗台风和森林扑火等抢险救灾行动,共抢救转移群众 174.2 万人次,抢运物资 30.3 万吨,疏通河道 3742 公里,打井 4443 眼,加固堤坝 728 公里,运送生活用水 50.4 万吨。

参加联合国维和行动

中国作为一个负责任大国,支持并积极参加联合国维和行动,为维护世界和平作出了积极贡献。

1990 年,中国人民解放军向联合国中东维和任务区派遣 5 名军事观察员,首次参加联合国维和行动。1992 年,向联合国柬埔寨维和任务区派出 400 人的工程兵大队,首次派遣成建制部队。2001 年,成立国防部维和事务办公室。2002 年,加入联合国一级维和待命安排机制。2009 年,组建国防部维和中心。截至 2010 年 12 月,共参加 19 项联合国维和行动,累计派出维和官兵 17390 人次,9 名维和官兵在执行任务中牺牲。

中国维和部队发扬特别能吃苦、特别能战斗、特别能奉献的优良作风,以高度负责的职业精神投入工作,新建、修复道路 8700 多公里、桥梁 270 座,排除地雷和各类未爆物 8900 多枚,运送物资 60 多万吨,运输总里程 930 多万公里,接诊病人 7.9 万人次,圆满完成联合国赋予的各类维和任务。

截至 2010 年 12 月,中国人民解放军有 1955 名官兵在 9 个联合国任务区遂行维和任务,中国是联合国安理会常任理事国派遣维和人员最多的国家。其中,军事观察员和参谋军官 94 人;赴联合国刚果(金)稳定特派团工兵分队 175 人,医疗分队 43 人;赴联合国利比里亚特派团工兵分队 275 人,运输分队 240 人,医疗分队 43 人;赴联合国黎巴嫩临时部队工兵分队 275 人,医疗分队 60 人;赴联合国苏丹特派团工兵分队 275 人,运输分队 100 人,医疗分队 60 人;赴联合国/非盟达尔富尔混合行动工兵分队 315 人。

亚丁湾和索马里海域护航

根据联合国安理会有关决议,中国政府于 2008 年 12 月 26 日派遣海军舰艇编队赴亚丁湾、索马里海域实施护航。主要任务是保护中国航经亚丁湾、索马里海域的船舶、人员安全,保护世界粮食计划署等国际组织运送人道主义物资船舶的安全,并尽可能为航经该海域的外国船舶提供安全掩护。截至 2010 年 12 月,海军已派出 7 批 18 艘次舰艇、16 架直升机、490 名特战队员执行护航任务。中国海军护航行动主要采取伴随护航、区域巡逻和随船护卫等方式,先后为 3139 艘中外船舶提供安全保护,其中解救被海盗袭击船舶 29 艘、接护船舶 9 艘。

中国对加强护航国际合作持积极、开放的态度。中国海军护航编队与有关国家和组织建立互通共享情报信息的常态化机制,与欧盟、多国海上力量、北约、俄罗斯、韩国、荷兰、日本等护航舰艇进行指挥官登舰互访 24 次,与俄罗斯开展联合护航行动,与韩国护航舰艇进行海上联合演练,与荷兰开展互派军官驻舰考察活动。中国积极参与联合国索马里海盗问题联络小组会议以及"信息共享与防止冲突"护航合作国际会议等国际机制。

中外联演联训

人民解放军与外国军队的联合演习和联合训练,坚持不结盟、不对抗、不针对第三方的方针和战略互惠、平等参与、对等实施的原则。截至 2010 年 12 月,人民解放军已与外国军队举行 44 次联演联训,对促进互信合作、借鉴有益经验和加强军队现代化建设具有积极作用。

上海合作组织框架内联合反恐军事演习呈现机制化发展。2002 年,中国与吉尔吉斯斯坦举行首次中外实兵联合反恐军事演习。2003 年,与上合组织成员国共同举行首次中外多边联合反恐军事演习。2006 年,与塔吉克斯坦举行联合反恐军事演习。2005 年、2007 年、2009 年、2010 年,与俄罗斯等上合组织成员国举行"和平使命"系列联合反恐军事演习。

海上联合演练实现常态化。2003 年,中国与巴基斯坦举行首次中外海上搜救演练。结合中外海军舰艇互访等活动,迄今已与印度、法国、英国、澳大利亚、泰国、美国、俄罗斯、日本、新西兰、越南等国海军举行搜救、通信、编队、潜水、护航等课目的双边多边海上演练。2007 年、2009 年,中国海军舰艇先后参加由巴基斯坦海军主办的海上多边联合军事演习。2007 年,中国海军舰艇赴新加坡参加西太平洋海军论坛海上联合军事演习。2010 年,与泰国举行首次中外海军陆战队联合训练。

陆上联合训练广泛开展。2007年,与泰国举行首次中外陆军联合训练。近年来,与巴基斯坦、印度、新加坡、蒙古、罗马尼亚、泰国等国举行反恐、安保、维和、山地作战、两栖作战等课目的联合训练,探索实施混合编组、共同施训的新模式。2009年,首次派遣卫勤分队远赴非洲与加蓬举行卫勤联合行动,开展医疗培训和救援演习,为当地民众提供医疗救助。2010年,派遣医疗队赴秘鲁举行人道主义医疗救援联合作业,共同开展突发事件应急医疗救援演练,提高应对紧急人道主义危机的能力。

国际灾难救援

参加政府组织的国际灾难救援行动,履行国际人道主义义务,是中国武装力量义不容辞的责任。近年来,中国武装力量积极协助中国政府有关部门向受灾国提供救援物资,派出专业力量参加国际灾难救援行动。

自2002年向阿富汗提供救援物资以来,人民解放军已28次执行国际紧急人道主义援助任务,共向22个受灾国提供总价值超过9.5亿元人民币的帐篷、毛毯、药品、医疗器械、食品、发电机等救援物资。2001年,由北京军区工兵团官兵、武警总医院医护人员和中国地震局专家组成的中国国际救援队,开始参与国际灾难紧急救援行动,迄今已8次赴受灾国执行救援任务。2010年1月,中国国际救援队和人民解放军医疗防疫救护队赴海地参与地震救援,执行人员搜救、紧急救护、卫生防疫等任务,累计救治当地伤病员 6500 人次。2010 年 9 月,中国国际救援队和人民解放军医疗救援队、直升机救援队赴巴基斯坦执行人道主义救援任务,累计救治当地伤病员 3.4 万人次,直升机投送物资 60 吨。

中国武装力量积极参与国际救灾交流合作,密切与有关国家和相关国际组织的沟通协调,推动地区救灾机制建设和人员培训。与美国、澳大利亚、新西兰军队举行人道主义救援与减灾研讨作业,举办东盟地区论坛武装部队参与国际救灾法律规程建设研讨会,举行东盟与中日韩武装部队国际救灾研讨会。

五、国防动员和后备力量建设

中国坚持平战结合、军民结合、寓军于民的方针,加强国防动员和后备力量建设,提高国防动员能力,增强国防实力。

国防动员组织领导体制

依照宪法和有关法律,全国人大常委会决定全国总动员或者局部动员。国家主席根据全国人大常委会的决定,发布动员令。国务院、中央军委共同领导全国的国防动员工作,制定国防动员的方针、政策和法规,根据全国人大常委会的决定和国家主席发布的动员令,组织国防动员的实施。国家的主权、统一、领土完整和安全遭受直接威胁必须立即采取应对措施时,国务院、中央军委可以根据应急处置的需要,采取必要的国防动员措施,同时向全国人大常委会报告。

地方人民政府贯彻和执行国防动员工作的方针、政策和法律、法规,组织本行政区域国防动员的实施。县级以上人民政府有关部门和军队有关部门在各自的职责范围内,负责有关的国防动员工作,按照职责落实国防动员计划和国防动员实施预案。

国家、军区和县级以上地方人民政府均设立国防动员委员会。国家国防动员委员会在国务院、中央军委的领导下,负责组织、指导、协调全国的国防动员工作,主任、副主任由国务院、中央军委领导兼任,委员由国务院有关部委和军队各总部有关领导组成。主要任务是贯彻积极防御军事战略方针,组织实施国家国防动员工作;协调国防动员工作中经济与军事、军队与政府、人力与物力之间的关系。各军区和县级以上地方人民政府国防动员委员会,负责组织、指导、协调本区域的国防动员工作。国防动员委员会设有办事机构,承担本级国防动员委员会的日常工作。目前,国家国防动员委员会设有人民武装动员、国民经济动员、人民防空、交通战备和国防教育等办事机构,军区和地方各级国防动员委员会设立相应办事机构。

2010年2月,全国人大常委会审议通过《中华人民共和国国防动员法》,规范了国防动员平时准备和战时实施的基本内容,规定了公民和组织在国防动员活动中的义务、权利,完善了国防动员的基本制度。

国防动员能力建设

中国加强国防动员建设的根本目标,是建立健全与国防安全需要相适应、与经济社会发展相协调、与突发事件应急机制相衔接的国防动员体系,增强国防动员能力。近年来,国家遵循统一领导、全民参与、长期准备、重点建设、统筹兼顾、有序高效的原则,把国防动员建设纳入经济社会发展之中,快速动员、平战转换、持续保障、综合防护能力逐步提升。

人民武装动员建设取得新进展。完善战时部队动员计划和保障计划,落实现役部队预编满员工作,加强预备役部队建设。民兵依据战时可能担负的任务,结合完成非战争军事行动任务需要,加强快速动员机制建设。2010年8月新修订的《中华人民共和国预备役军官法》,对国家决定实施国防动员后预备役军官征召的权限、程序和方式作出新规定。

国民经济动员建设稳步推进。在重大基础设施建设中注重兼顾国防要求,重要技术与产品军民兼容程度不断提高。初步确立以重点行业和骨干企业为依托、以重要产品和技术为纽带的国民经济动员中心建设布局。重点地区、重点行业和重点技术产品的潜力调查取得重要进展,进一步优化了立足国防需要、服务经济建设、应急应战相结合的战略物资储备结构。

人民防空建设步伐加快。贯彻长期准备、重点建设、平战结合的方针,扎实做好信息化条件下防空袭斗争准备。完善军政联席会议和军地联合办公制度,优化县级以上各级人民政府人防机构设置,推行人防机关准军事化建设。按照联合防空、区域防空的要求,抓好各级人防指挥所建设。完善人防系统防灾功能,健全防空防灾相结合的工作机制。开展重要经济目标防护工作,研究确定重要经济防护目标,制订应急抢险抢修方案。将人防工程建设纳入城市总体规划,依法修建民用建筑防空地下室,在城市建设中落实人民防空防护要求,促进人民防空与城市建设协调发展。各省区市广泛开展防空防灾宣传教育和技能培训,普及防空防灾知识、自救互救技能和应急疏散方法。

国防交通动员建设扎实有序。将交通战备建设融入国家交通体系建设中,提高战略通道保障能力、战略投送保障能力和交通抢运抢修能力。重点推进一批军民融合发展项目,带动和促进国防交通战备工作整体水平提升。依托相关行业成建制、成系统组建交通专业保障队伍,在战略通道沿线加强保交护路队伍建设。编制修订交通重点目标保障方案和部队战备输送保障方案,努力实现军运设施与国家交通运输设施同步规划、同步建设。

预备役部队建设

预备役部队是以现役军人为骨干、预备役官兵为基础,按照军队统一的体制编制组成的武装力量,实行军队与地方党委、政府双重领导制度。预备役部队各级军政主官、部门主要领导、部分机关人员和专业技术骨干,由现役军人担任。预备役军官主要从符合条件的退役军人、地方干部、人民武装干部、民兵干部、地方与军事专业对口的技术人员中选配。预备役士兵主要从符合条件的退役士兵、经过训练的基干民兵和地方与军事专业对口的人员中选编。

近年来,预备役部队各项建设和改革不断取得新的进步。完善地域编组形式,探索依托高新技术行业成系统成建制对口编组,以及人员与装备结合编组、联片编组和跨地域抽组等多种编组形式。根据战时可能承担的任务,修订完善预备役部队军事训练与考核大纲,加强与现役部队挂钩训练、联合训练,开展基地化、模拟化、网络化训练。预备役官兵每年一般进行240小时的军政训练。预备役部队建设围绕平时能应急、战时能应战的目标,加快推进由数量规模型向质量效能型、由直接参与作战向支援保障作战为主转变、由补充一般兵员向补充技术兵员为主转变,努力成为现役部队的得力助手和国防后备力量的拳头。

民兵建设

民兵是中国武装力量的重要组成部分,是人民解放军的后备力量。近年来,民兵建设深化调整改革,在结构布局调整、训练改革和装备建设等方面取得新进展。全国现有基干民兵800万。

重点加强边海防作战队伍、军兵种勤务保障队伍和应急队伍建设,加大由农村向城镇和重要交通沿线、由一般地区向主要方向和重点地区、由传统行业向高新技术行业拓展力度,民兵结构布局更趋合理。按照新一代《民兵军事训练与考核大纲》要求,推进军事训练改革,开展与现役部队联训联演,加强各级民兵训练基地配套建设,抓好重点分队训练,民兵急时应急、战时应战能力明显增强。加强防空作战与应急维稳装备建设,配发新型防空武器装备,对现有武器进行技术升级改造,武器装备完好率、配套率显著提高。

民兵积极参加反恐维稳、抢险救灾、护边控边、治安联防等行动,在完成多样化军事任务中发挥了独特优势。每年组织9万多民兵参加守护桥梁、隧道和铁路线,20多万民兵参加军警民联防巡逻,90多万民兵参与重大自然灾害应急救援,近200万民兵参加城乡社会治安综合治理。

六、军事法制

中国武装力量遵守宪法和法律,贯彻依法治军方针,加强军事法制建设,保障和推动国防和军队建设沿着法制化轨道前进。

军事法规体系建设

制定和修改一批重要军事法律法规。两年来,全国人大常委会审议通过《中华人民共和国人民武装警察法》、《中华人民共和国国防动员法》和新修订的《中华人民共和国预备役军官法》。中共中央、中央军委批准发布新修订的《中国人民解放军政治工作条例》。中央军委发布施行新修订的《中国人民解放军内务条令》、《中国人民解放军纪律条令》、《中国人民解放军队列条令》和新一代司令部工作条例。经中央军委批准,总参谋部、总政治部、总后勤部、总装备部发布施行新修订的《军队基层建设纲要》,总政治部发布施行《中国人民解放军思想政治教育大纲》。国务院、中央军委联合公布施行《军服管理条例》、《武器装备质量管理条例》及新修订的《中国人民解放军现役士兵服役条例》,各总部、军兵种、军区和武警部队发布施行一批军事规章。截至2010年12月,全国人大及其常务委员会制定的国防和军事方面的法律及有关法律问题的决定17件,国务院、中央军委联合制定的军事行政法规97件,中央军委制定的军事法规224件,各总部、军兵种、军区和武警部队制定的军事规章3000多件。

开展军事法律法规规章清理汇编工作。根据全国人大常委会工作部署,2008年中央军委法制机构组织各总部、军兵种和武警部队法制工作部门开展了国防、军事方面法律清理工作。2009年,组织开展第五次军事法规军事规章清理汇编工作,共清理2008年底以前发布的现行军事法规(含规范性文件)921件、军事规章(含规范性文件)7984件,废止军事法规(含规范性文件)65件、军事规章(含规范性文件)1214件。编辑出版《中华人民共和国军事法规汇编(2004—2008)》、《中国人民解放军军事规章汇编(2004—2008)》、《中国人民武装警察部队军事规章汇编(2004—2008)》。

法律法规实施

人民解放军和武警部队坚持依法用兵、依法行动。参加抢险救灾的部队,严格执行《中华人民共和国突发事件应对法》、《中华人民共和国防震减灾法》、《军队参加抢险救灾条例》等法律法规。执行维稳处突任务的武警部队,严格执行《中华人民共和国人民武装警察法》等法律法规。赴亚丁湾、索马里海域执行护航任务和开展海上训练的海军舰艇编队,严格遵守《联合国海洋法公约》等国际条约和中国有关法律法规。参加中外联合军演的部队,坚持在双边或多边条约的法律框架内行动,依法解决演习中涉及的法律问题。

贯彻实施新修订的共同条令,把学习新共同条令纳入教育训练、各类培训和检查考核之中。按照条令条例指导和开展工作,全面规范部队战备、训练、工作和生活秩序。加大条令执行力度,健全警备督察机制,查处和纠正违纪现象。落实安全法规制度,完善安全防范机制,进行安全教育训练。

两年来,军队会同地方有关部门开展《中华人民共和国人民防空法》、《中华人民共和国军事设施保护法》、《军服管理条例》等法律法规的执法检查工作。各级人民政府兵役机关及征兵工作人员依据《中华人民共和国兵役法》、《征兵工作条例》等法律法规,做好征兵工作的监督检查工作。军队的军事训练、装备采购、纪检监察、审计等部门,依据法律法规规定的职责权限,开展专项执法检查活动。

军事司法

坚持和加强党对军队政法工作的组织领导,完善军事司法工作体系。2007年,中央军委印发《关于进一步加强军队政法工作的意见》,规定团级以上单位成立政法委员会。

2008 年,总政治部制定《军队各级政法委员会工作规则》。

贯彻预防为主、综合治理、重在建设的方针,加强预防犯罪综合治理。2009 年,总参谋部、总政治部、总后勤部、总装备部联合印发《关于进一步加强新形势下军队预防职务犯罪工作的意见》和《关于纪律检查部门、军事检察机关参与事故调查处理的暂行规定》。军队各级保卫部门、军事法院、军事检察院在依法惩治各类违法犯罪活动中,充分发挥职能作用,坚决维护司法公正。

按照国家司法改革的总体部署,推进军事司法制度改革。人民解放军军事法院制定《解放军军事法院〈人民法院量刑指导意见(试行)〉实施细则》,落实宽严相济刑事政策;探索民事审判工作,健全诉讼与非诉相衔接的纠纷解决机制;制定《军事法院涉诉信访案件终结办法》,提高申诉复查的透明度和公信力。总政治部制定《关于下级军事检察院立案侦查的案件由上一级军事检察院审查决定逮捕的通知》,人民解放军军事检察院制定相关实施办法,推进军队职务犯罪案件审查决定逮捕程序改革。

法律服务和法制宣传教育

军队各级司法行政部门及其他相关部门根据部队执行多样化军事任务需要,及时提供专业高效的法律保障。为执行抢险救灾任务、赴亚丁湾和索马里海域护航、参加重大中外联合演习的部队配备法律顾问。组织多批法律服务小分队帮助执行反恐维稳任务的部队处理法律问题,为部队编印相关法律手册。

开展多种形式的送法下基层活动,活动范围覆盖全军三分之二以上旅团级单位,为基层官兵提供法律咨询服务。加强与地方司法行政部门和法律服务组织的联系,完善解决官兵涉法问题协作机制,拓宽解决涉法问题的渠道。2009年,军队律师担任刑事辩护700多件,代理各类民事经济案件2300多件。

加强法律服务队伍建设,健全法律服务组织。目前,全军共设法律顾问处268个,旅团级单位设法律咨询站1600多个,营连普遍设法律咨询组。全军共有军队律师1342名,法律咨询员2.5万名。

完善涉军维权机制,维护国防利益和军人军属合法权益。全国31个省(自治区、直辖市)已建立起地方党委统一领导、司法机关为主体、政府有关部门共同参与、军地协调的涉军维权工作长效机制,形成较为完善的涉军维权组织。自2000年以来,各级涉军维权组织为军人军属提供法律咨询76万人次,接待来信来访12万人次,处理各类涉军纠纷9.8万件,人民法院审理涉军案件3.4万件。

结合第五个五年普法教育活动,深入开展法制宣传教育,提高官兵法律素质。人民解放军和武警部队把法制宣传教育纳入部队教育训练大纲、干部培训考核体系,组织官兵学习宪法和相关法律法规。不断创新方法手段,增强法制宣传教育的时代感、吸引力和感染力。

七、国防科技工业

中国建立和完善军民结合、寓军于民的武器装备科研生产体系,推进改革发展,提高科研生产能力,努力建设先进的国防科技工业。

国防科技工业改革发展

积极转变军工经济发展方式。推进结构调整、产业优化升级和节能减排,有效应对国际金融危机。建立健全军工能力监管相关法规制度体系,提高军工能力和军工关键设备设施的监管质量和水平,军工经济实现平稳较快发展。

规范和引导军工企事业单位利用民用工业能力和社会资本开展武器装备科研生产。2010年,国家工业和信息化部、总装备部根据《武器装备科研生产许可管理条例》,公布施行《武器装备科研生产许可实施办法》,进一步规范各类经济主体参与武器装备科研生产和任务竞争。目前,取得武器装备科研生产许可的民用工业企业已占许可单位总数的三分之二。印发《国防科技工业社会投资领域指导目录》,推进军工企业投资主体多元化。

提高武器装备科研生产能力

建设先进的军工核心能力。国防科技工业全面完成"十一五"规划建设目标，建成一批高水平的科研平台和新型装备生产线，提高研究开发、设计仿真、加工制造、试验测试等手段的现代化程度，保障了武器装备科研生产任务的完成，基本实现保障型号与强化基础的相互促进和协调发展。

增强自主创新能力。鼓励和支持军工企事业单位、基础性科研机构和高等院校开展国防科技创新活动，加强研发应用和基础研究，加速推进新原理新技术新工艺的探索、创新与应用，着力发展先进工业技术，大力推动数字化、信息化技术应用，提高武器装备科研生产的技术水平和创新能力。建立健全自主创新激励政策和评价制度，营造创新环境，优化创新人才队伍，激发科技创新的积极性和主动性。高度重视国防科技工业知识产权创造、运用和保护。2009年，数十项成果获得国家技术发明奖和国家科技进步奖。

增强武器装备科研生产基础能力。强化国防科技基础平台建设、运行和管理，发挥国防科技实验室和国防科技工业先进技术研究应用中心在国防基础研究和应用研究中的重要作用。建立质量工作长效机制，强化质量监督，产品质量总体水平稳步提升。加强标准化、计量等军工技术基础建设,提高武器装备科研生产的基础保障能力。

和平利用军工技术

围绕国家高技术产业发展的重点和方向,加快军工技术推广转化。突破技术关键和产业化瓶颈,在航空航天、电子信息、特种技术装备、新能源与高效动力、节能环保等领域,发展战略性新兴产业和军工特色高技术产业,培育新的经济增长点,促进国家产业振兴和高新技术产业结构调整。

重视核能、空间技术的和平利用与开发。制定和发布积极发展核能的产业政策,有力促进了核电、核燃料循环、核技术应用产业的快速发展。宇航产品出口取得积极进展。中国为委内瑞拉研制并成功发射通信卫星,与有关国家签署通信卫星领域合作协议或合同。

参与国际交流与合作

国防科技工业按照平等、互利、共赢的原则开展对外合作。发展与友好国家的防务技术合作关系,与一些友好国家建立政府间军工技术联委会机制。鼓励和支持军工企事业单位参与国际交流与合作,与一些国家采取联合研制、联合生产、合作培养人才的方式开展军工技术合作。

中国政府严格履行承担的国际义务、国际承诺和联合国安理会有关制裁决议,按照国际通行的准则,建立健全政府、集团公司和出口企业三个层面的防扩散机制,以审慎态度对待军品及相关技术出口。按照有利于提高接受国正当自卫能力,不损害地区和世界和平、安全和稳定,不干涉接受国内政等原则,对军品出口企业实行特许经营制度,对军品出口产品实行许可证管理,严格执行国家的防扩散政策及法律。

中国政府重视核能领域的国际合作,已同23个国家缔结政府间和平利用核能合作协定,引进先进的核能技术,并为发展中国家提供力所能及的帮助。2009年4月,与国际原子能机构在北京成功举办"面向21世纪核能部长级国际大会"。

中国按照和平利用外空的原则,分别与俄罗斯、法国、巴西、乌克兰、美国、欧洲空间局等在空间技术、空间应用及空间科学领域开展了双边合作和交流。支持联合国和平利用外层空间委员会和亚太空间合作组织相关工作,积极参与利用空间技术开展地球科学研究、防灾减灾、深空探测、空间碎片减缓与防护等多边合作。

八、国防经费

　　中国坚持国防建设与经济建设协调发展的方针,根据国防需求和国民经济发展水平,合理确定国防经费的规模,依法管理和使用国防经费。

　　随着国家经济社会发展,中国国防费保持适度合理增长。2008 年和 2009 年,中国国内生产总值分别为 314045 亿元人民币和 340903 亿元人民币。国家财政支出分别为 62592.66 亿元人民币和 76299.93 亿元人民币,分别比上年增长 25.7% 和 21.9%。2008 年和 2009 年,中国年度国防费分别为 4178.76 亿元人民币和 4951.10 亿元人民币,分别比上年增长 17.5% 和 18.5%。近年来,中国年度国防费占国内生产总值的比重相对稳定,占国家财政支出的比重略有下降。

　　中国国防费主要由人员生活费、训练维持费和装备费 3 部分组成,各部分大体各占三分之一。人员生活费用于军官、文职干部、士兵和聘用人员的工资津贴、住房保险、伙食被装等。训练维持费用于部队训练、院校教育、工程设施建设维护以及其他日常消耗性支出。装备费用于武器装备的研究、试验、采购、维修、运输和储存等。国防费的保障范围包括现役部队、预备役部队和民兵,同时也负担部分退役军人、军人配偶生活及子女教育、支援国家和地方经济建设等社会性支出。

表1 2009 年中国国防费支出

（单位:亿元人民币）

	现役部队	预备役部队	民兵	合计	
				金额	占总计的%
人员生活费	1670.63	14.65		1685.28	34.04
训练维持费	1521.71	19.65	128.59	1669.95	33.73
装备费	1574.26	14.31	7.30	1595.87	32.23
总计	4766.60	48.61	135.89	4951.10	100.00

近两年增长的国防费主要用于:(一)改善部队保障条件。适应国家经济社会发展和居民生活水平提高,调整军人工资津贴标准,连续提高教育训练、水电取暖等经费标准,开展基层后勤综合配套整治,改善边海防部队、边远艰苦地区部队执勤训练和生活条件。(二)完成多样化军事任务。增加非战争军事行动能力建设投入,保障抗震救灾、亚丁湾和索马里海域护航、抗洪抢险、国际救援等行动。(三)推进中国特色军事变革。针对采购价格、维修成本不断上涨势头,适当增加高技术武器装备及其配套建设经费。

2010 年,国际金融危机深层次影响尚未消除,各种不确定因素较多,中国财政收支紧张的矛盾仍在持续。国家财政在重点保障"三农"、教育、科技、卫生医疗、社会保障等民生支出的基础上,根据需要适度增加国防开支。2010
年国防费预算为 5321.15 亿元人民币,比 2009 年增长
7.5%,国防费增幅有所下降。

图1　中国年度国防费占国家财政支出的比例

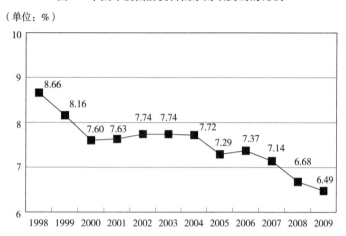

（单位：%）

中国对国防费实行严格的财政拨款制度。每年的国防
费预算都纳入国家预算草案,由全国人民代表大会审查和
批准。国家和军队审计机构,对国防费预算及执行情况进
行审计监督。近年来,中国政府加强国防费科学化精细化
管理,改革创新财经管理制度,推进资产管理改革,加强预
算执行监督管理,组织领导干部经济责任审计和经费物资
使用的专项审计,提高国防费开支的透明度和规范性,确保
国防费的正确有效使用。

九、建立军事互信

　　建立军事互信是维护国家安全发展和地区和平稳定的有效途径。中国坚持以增强政治互信为基础，以促进共同安全为目标，遵循平等协商、尊重彼此核心利益和重大安全关切、不针对第三国、不威胁和损害他国安全稳定等原则，推动建立平等、互利、有效的军事互信机制。

战略磋商与对话

　　近年来，中国广泛开展同有关国家在安全与防务领域的战略磋商和对话，增进相互了解和信任，加强沟通与协调。中国已与22个国家建立防务安全磋商对话机制。

　　中俄战略协作伙伴关系全面深入发展。中俄两军于1997年建立战略磋商机制。2010年两军总参谋部举行第十三轮战略磋商，双方就国际战略形势、东北亚、中亚、南亚及两军合作等问题达成诸多共识。

　　中美两国在防扩散、反恐和双边军事安全合作等领域开展磋商。1997年，中美两国建立国防部防务磋商机制。2009年6月和2010年12月，两国举行第十次、第十一次国防部防务磋商,就共同关心的问题进行对话。2009 年 2 月和 12 月,中美举行第五次、第六次国防部工作会晤。

中国重视与周边国家的防务安全磋商。与蒙古、日本、越南、菲律宾、印度尼西亚、泰国、新加坡、印度、巴基斯坦等周边国家建立防务安全磋商和政策对话机制。定期举行不同层级的磋商对话,主要探讨亚太安全形势、双边军事关系、地区热点等问题,对促进相互理解、巩固睦邻友好、深化互信合作、维护地区和平稳定发挥了积极作用。

中国广泛开展与其他国家的战略磋商和对话。2009 年 9 月,中德两军举行第四轮防务战略磋商。10 月,中澳两军举行第十二次防务战略磋商。2009 年 3 月和 2010 年 6 月,中国与新西兰举行第二次、第三次战略对话。2010 年 2 月,中英两军举行防务战略磋商。11 月,中国与南非举行第四次防务委员会会议。中国还与埃及建立防务(合作)委员会会议机制,与土耳其建立军事合作高级对话会机制,与阿拉伯联合酋长国建立防务磋商机制,拓宽了中国与中东国家的防务交流领域。

边境建立信任措施

中国始终坚持与邻为善、以邻为伴的周边外交方针,重视与相邻国家建立边境地区信任措施,加强边境地区军队友好交往,积极预防危险军事活动,维护边境地区和平与稳定。

1993 年 9 月和 1996 年 11 月,中国与印度先后签署《关于在中印边境实际控制线地区保持和平与安宁的协定》和《关于在中印边境实际控制线地区军事领域建立信任措施的协定》。2005 年 4 月,中印两国签署《关于在中印边境实际控制线地区军事领域建立信任措施的实施办法的议定书》,就 1996 年建立信任措施协定有关条款的具体实施办法达成协议。

1996 年 4 月,中国与哈萨克斯坦、吉尔吉斯斯坦、俄罗斯、塔吉克斯坦签署《关于在边境地区加强军事领域信任的协定》。1997 年 4 月,中国与上述国家签署《关于在边境地区相互裁减军事力量的协定》,对长达 7600 多公里的中哈、中吉、中俄、中塔边界一定纵深内的作战部队与武器装备进行裁减,每年组织相互视察活动,监督和核查边境地区信任措施落实情况。1998 年 12 月,中国与不丹签署《关于在中不边境地区保持和平与安宁的协定》。

人民解放军边防部队忠实履行军事领域边境信任协定。20 世纪 90 年代以来,中国国防部分别与朝鲜、俄罗斯、蒙古、哈萨克斯坦、吉尔吉斯斯坦、缅甸、越南等国相关部门签署《边防合作协议》,建立总部、军区(省军区)和边防部队三级会晤机制,及时通报边境信息,协商处置重要边境事务。人民解放军边防部队沿边设有 60 多个边境会谈会晤站,每年与邻国举行会谈会晤活动数千次。近年来,与俄罗斯、塔吉克斯坦、蒙古、巴基斯坦等国在边境地区举行双边或多边边境封控、联合反恐等军事演练,开展联合巡逻、联合检查等活动。

中国政府与多个陆地邻国签订国界管理制度协定,明确共同维护边境地区秩序、保护与利用跨界河流、建立边境地区联系制度、协商处理边境事务等合作措施。建立边界代表制度,负责与邻国协商处理无需通过外交途径解决的边境事务。中国边界代表由政府任命、边防部队领导担任,在当地军事机关、外事部门指导下工作。边界代表定期交换边境相关信息,防范和处理各类边境事件,配合做好口岸管理、跨境运输、渔业合作、环境保护、灾害预防等工作。

海上安全对话与合作

中国积极参与国际海上安全对话与合作,坚持遵循《联合国宪章》、《联合国海洋法公约》以及其他公认的国际关系准则,坚持谋求共同安全和共同发展,坚持尊重沿海国的主权和权益,坚持合作应对海上传统安全威胁和非传统安全威胁,努力寻求基于和平的多种途径和手段,维护海上安全。

1998 年,中美建立海上军事安全磋商机制,就海上军事安全问题进行磋商。迄今共举行 8 次年度会晤、13 次工作小组会议和 2 次专门会议,对促进海上活动安全、避免发生海上意外事件及建立其他相互信任措施发挥了积极作用。2009 年 8 月,举行中美海上军事安全磋商机制专门会议。2010 年 10 月,举行中美海上军事安全磋商机制年度会晤。

2005年10月，中国与越南签署《中越海军北部湾联合巡逻协议》。两国海军成立北部湾联合巡逻办公室，共同组织了10次联合巡逻和5次年度会晤。2009年2月，中韩相邻海空军间直通电话正式开通。2008年以来，中日就建立海上联络机制进行多次工作磋商。中国海军积极参加西太平洋海军论坛的各项活动，参加东盟地区论坛和亚太安全理事会关于海上安全的研讨活动。

近两年来，中国海军共派出10余批20余艘次舰艇访问30多个国家，接待了20多个国家30余艘次舰艇来访。

地区安全合作

亚太地区正在形成多层次、复合型的地区安全合作架构，多种安全合作机制进一步发展。中国积极参加亚太地区安全对话和安全机制建设，加强与亚太各国的政治互信和安全合作，推动建立军事互信，维护地区和平稳定。

2009年以来，上海合作组织安全领域合作继续保持良好发展势头。成员国先后签订《反恐怖主义公约》、《保障国际信息安全政府间合作协定》和《政府间合作打击犯罪协定》等文件，为安全合作奠定坚实的法律基础。完善大型国际活动安保合作机制，确保2010年莫斯科世界反法西斯战争胜利65周年纪念活动、上海世博会、广州亚运会等重要活动顺利举行。联合反恐演习机制化发展，举行"和平使命"系列联合反恐军事演习和"诺拉克反恐—2009"、"萨拉托夫反恐—2010"执法安全部门反恐演习,有力震慑了地区"三股势力"。成员国安全会议秘书、总检察长、最高法院院长、国防部长、公安内务部长及其他执法安全部门领导人定期会晤,不断深化司法、防务、执法安全领域合作。

中国积极参加东盟地区论坛、中国与东盟、东盟与中日韩框架下的多边安全会议。2004年,在中方积极倡导下,东盟地区论坛安全政策会议正式创办,成为该论坛国防官员参与级别最高的对话机制。2010年5月,中国在第七次东盟地区论坛安全政策会议上,提出加强非传统安全合作问题研究、推动务实性合作等倡议。2010年10月,参加首届东盟防长扩大会,提出了加强地区安全对话与合作的倡议和主张。近年来,多次主办中国与东盟防务与安全对话、东盟与中日韩武装部队非传统安全合作论坛、东盟地区论坛武装部队参与国际救灾法律规程建设研讨会等。

自2007年以来,中国每年派出高级别防务官员出席在新加坡举行的香格里拉对话会,阐述中国国防政策和地区安全合作主张。

对外军事交往

中国全方位发展对外军事关系,深化同各国军队的务实交流与合作,努力营造互信互利的军事安全环境。近两年,人民解放军高级军事代表团出访40多个国家,有60多个国家的国防部长、总参谋长来访。

中俄两军战略互信与务实合作不断深化。两军高层交往频繁,签署《关于相互通报发射弹道导弹和航天运载火箭的协定》,开展在人员培训、边防、院校、防空兵等方面的交流与合作。中美两军关系经受波折,但双方仍保持了有效的对话和沟通。两军在防务磋商、海上军事安全磋商、军事档案等机制性项目上有计划地开展了交流。中欧军事关系继续拓展。巩固与中东欧国家传统友好关系,加强与西欧国家的务实往来,探索与北约、欧盟发展军事关系。

加强与周边国家的军事关系。开展与朝鲜、韩国军队的友好往来,重视中日防务交流,深化中巴两军全方位交流与合作,致力于发展中印两军关系,加强与东盟国家军队的友好交往,促进与澳大利亚、新西兰等国的军事交流。

发展与非洲、西亚、拉美、南太平洋等地区发展中国家军事交往。加强军队高层交往,开展中青年军官交流,不断探索和拓宽合作领域。首次派"和平方舟"号医院船访问吉布提、肯尼亚、坦桑尼亚、塞舌尔等非洲国家,并开展人道主义医疗服务。首次举办非洲英语国家军队院校长研讨班、非洲法语国家军队医院院长研讨班和非洲葡萄牙语国家中高级军官研讨班,继续举办拉美、加勒比和南太平洋国家高级军官研讨班。

2008年建立国防部新闻发言人制度以来,先后7次召开以抗震救灾、海上护航、国际人道主义救援等为主题的新闻发布会,及时发布重要信息。加大公共外交力度,多次组织国内外媒体赴作战部队参观采访。依托国防部网站等平台，及时提供国防和军队建设的有关情况。

2009 年，在人民解放军海、空军成立 60 周年之际，分别举行以"和谐海洋"为主题的多国海军活动和空军"和平与发展国际论坛"。

十、军控与裁军

中国重视并积极参与国际军控、裁军和防扩散努力，主张充分发挥联合国及其他相关国际组织和多边机制作用，巩固和加强现有多边军控、裁军和防扩散体系，尊重和照顾各国正当合理安全关切，维护全球战略平衡和稳定。

核裁军

中国一贯主张全面禁止和彻底销毁核武器。中国认为，拥有最大核武库的国家对核裁军负有特殊和优先责任，应继续以可核查、不可逆以及具有法律约束力的方式，大幅削减其核武库，为最终实现全面彻底核裁军创造必要条件。条件成熟时，其他核武器国家也应加入多边核裁军谈判进程。为最终实现全面彻底核裁军，国际社会还应适时制订一项切实可行的分阶段的长远规划，包括缔结"全面禁止核武器公约"。

中国主张：在全面禁止和彻底销毁核武器之前，所有核武器国家应放弃以首先使用核武器为基础的核威慑政策，明确承诺无条件不对无核武器国家和无核武器区使用或威胁使用核武器,并就此谈判有关国际法律文书。同时,核武器国家之间应谈判缔结"互不首先使用核武器条约"。

中国以建设性态度参加了《不扩散核武器条约》审议进程,愿与条约缔约国一道,认真落实 2010 年第八次审议大会取得的积极成果。中国支持《全面禁止核试验条约》早日生效,支持日内瓦裁军谈判会议尽快启动"禁止生产核武器及其他核爆炸装置用裂变材料条约"谈判。

中国作为联合国安理会常任理事国和《不扩散核武器条约》核武器缔约国,从不回避核裁军义务,奉行公开、透明、负责任的核政策。中国始终恪守在任何时候、任何情况下不首先使用核武器政策,明确承诺无条件不对无核武器国家和无核武器区使用或威胁使用核武器。中国从未在别国部署核武器,在核武器发展方面始终采取极为克制的态度,过去没有、今后也不会参加任何形式的核军备竞赛,将继续把自身核力量维持在国家安全需要的最低水平。

中国一直恪守"暂停试"承诺,积极参与《全面禁止核试验条约》组织筹委会工作,稳步推进国内履约筹备进程。中国承担了 12 个国际监测系统台站和实验室建设。目前已建成 6 个地震台站、3 个放射性核素台站、北京放射性核素实验室和中国国家数据中心,1 个次声台站正在建设之中。

中国一贯支持无核武器国家建立无核武器区的努力,已签署并批准了所有已开放签署的无核武器区条约相关议定书,已与东盟国家就《东南亚无核武器区条约》所涉相关问题达成一致,支持中亚国家达成的《中亚无核武器区条约》及其议定书,支持建立中东无核武器区。

中国认为,全球导弹防御计划将损害国际战略平衡与稳定,不利于国际和地区安全,并对核裁军进程产生消极影响。中国主张,各方均不应在海外部署具有战略反导能力和潜力的反导系统或开展相关国际合作。

防扩散

中国坚决反对大规模杀伤性武器及其运载工具扩散,始终以高度负责的态度处理防扩散事务。中国认为,要从根源上防止扩散,应努力营造互信、合作的全球和地区安全环境,消除大规模杀伤性武器扩散的动因;应坚持通过政治和外交手段处理防扩散问题;应切实维护和加强国际防扩散机制的权威性、有效性和普遍性;应确保国际防扩散努力的公正性和非歧视性,平衡处理防扩散与和平利用科学技术的关系,摒弃双重标准。中国参加了防扩散领域所有的国际条约和相关国际组织,支持联合国在防扩散领域发挥应有的作用,认真执行安理会相关决议。

中国主张通过对话协商和平解决朝鲜半岛核问题,致力于通过六方会谈进程平衡解决各方关切,实现半岛无核化,维护半岛和东北亚的和平与稳定。中国始终从大局和长远出发,积极劝和促谈,推动各方通过接触对话为早日重启六方会谈创造条件。

中国主张通过对话和谈判和平解决伊朗核问题,维护中东地区的和平与稳定。中国一直致力于劝和促谈,积极做有关各方工作。多次参加伊朗核问题六国机制外长和政治总司长会议,以建设性姿态参与联合国安理会和国际原子能机构审议伊朗核问题的进程。

2009年以来,中国相继与美国、俄罗斯、英国、德国、巴西、加拿大、巴基斯坦、韩国、欧盟、澳大利亚、以色列等举行军控与防扩散磋商,继续加强与有关多国出口管制机制的对话与交流。与"导弹及其技术控制制度"开展对话并参加了其技术专家外联会。在东盟地区论坛框架下与有关国家合办防扩散与裁军会间会,参加有关生物安全和生物反恐问题的讨论。

中国高度重视防扩散出口管制工作,已建立起一整套涵盖核、生物、化学、导弹等相关敏感物项和技术及所有军品的完备的出口管制法规体系。中国的出口管制法规采取国际通行的许可证管理制度、最终用户和最终用途证明制度、清单控制方法、全面控制原则等。2009年,商务部制定《两用物项和技术出口通用许可管理办法》,进一步完善出口许可证管理体系。

中国重视核安全问题,反对核恐怖主义,采取了有效的核安全措施,保持着良好核安全纪录。中国严格履行核安全国际义务,积极参与国际核安全合作,将同有关国家合作在华建立核安全示范中心。

禁止化学、生物武器

中国认真履行《禁止化学武器公约》的各项义务,建立了从中央到地方的各级履约机构,按时完整提交各类年度宣布、新发现日本遗弃在华化学武器的后续宣布及年度国家防护方案,接待了禁化武组织240多次现场视察。中国与禁化武组织积极开展合作,多次联合举办禁化武组织视察员培训班以及防护与援助培训班,并通过该组织向非洲缔约国提供援助。为推动日本履行销毁日遗化武义务,中国协助日本进行了150次现场调查和挖掘、回收、鉴别作业,回收日遗化武近5万件,并于2010年10月在南京开始销毁日遗化武。中国敦促日本加大投入,加快日遗化武处理进程。

中国支持旨在加强《禁止生物武器公约》有效性的多边努力,致力于公约的全面、严格履约,建立了较完备的履约法律体系,设立了国家履约联络点。每年按时向公约履约支持机构提交建立信任措施宣布资料,参加公约缔约国年会、专家会和相关研讨会,加强生物安全和疫情监控等工作,开展生物领域国际交流与合作。

防止外空军备竞赛

中国政府一贯主张和平利用外空,反对外空武器化和外空军备竞赛,认为国际社会谈判缔结相关国际法律文书是防止外空武器化和外空军备竞赛的最佳途径。

2008年2月,中国与俄罗斯共同向裁谈会提交了"防止在外空放置武器、对外空物体使用或威胁使用武力条约"草案。2009年8月,中俄共同提交工作文件,回应裁谈会各方对中俄外空条约草案的问题和评论。中国希望各方早日就这一草案展开谈判,达成新的外空条约。

常规武器军控

中国严格履行《特定常规武器公约》及其议定书规定的各项义务,按要求提交公约所附《地雷议定书》年度履约报告,积极参加集束弹药问题政府专家组谈判工作。2010年4月,中国批准公约所附《战争遗留爆炸物议定书》。

2009年以来,中国继续积极参与国际人道主义扫雷援助,为阿富汗、伊拉克、苏丹培训扫雷技术人员,无偿向埃及、阿富汗、伊拉克、苏丹和斯里兰卡捐赠扫雷器材,向秘鲁、埃塞俄比亚提供"地雷受害者"援助。

中国积极参与打击轻小武器非法贸易的国际努力,认真落实联合国轻小武器《行动纲领》与《识别和追查非法轻小武器国际文书》。参加联合国"武器贸易条约"问题开放式工作组和"武器贸易条约"大会首次筹委会。2010年,中国参加第四届联合国轻小武器双年度会议,并提交国家报告。

军费透明和常规武器转让登记

中国重视军事透明问题，致力于增进与世界各国的军事互信。从 2007 年起，参加了联合国军费透明制度。中国重视"联合国常规武器登记册"的作用，继续向登记册提供七大类常规武器转让数据。

附　　录

附录 1

2009—2010 年中国军队主要对外交往情况

时间	出访	来访
2009 年		
1 月		马耳他武装部队司令来访
1 月		乌克兰国防部长来访
2 月		埃及空军司令来访
2 月	副总参谋长出访日本、文莱	
2 月		马尔代夫国防与国家安全部长来访
2 月		芬兰国防参谋长来访
3 月		斯里兰卡国防部常务秘书长来访
3 月		塔吉克斯坦国防部长来访
3 月		澳大利亚陆军司令来访
3 月	北京军区政治委员出访古巴	
3 月	副总参谋长出访新加坡、新西兰	
3 月	总参谋长出访缅甸、越南、韩国	
3 月	副总参谋长出访赞比亚、莫桑比克	
3 月		日本防卫大臣来访
3 月	总后勤部副部长出访澳大利亚、新西兰	
3 月	总政治部副主任出访巴基斯坦、孟加拉国、马来西亚	

时间	出访	来访
4 月		白俄罗斯国防部长来访
4 月	沈阳军区司令员出访白俄罗斯、斯洛伐克	
4 月		乌拉圭国防部长来访
4 月	空军司令员出访巴基斯坦、土耳其、马来西亚	
4 月	总政治部副主任出访巴西、阿根廷	
4 月	总装备部副部长出访巴西、意大利	
4 月		韩国、越南、泰国、巴基斯坦、孟加拉、印度、印尼、南非、巴西、智利、秘鲁等国海军领导人来华参加海军成立 60 周年活动
4 月	国防部长出访俄罗斯并出席上海合作组织成员国国防部长会议	
4 月	总装备部副政治委员参加土耳其国际防务展	
4 月	总参谋长助理出访泰国、老挝、柬埔寨	
5 月		莫桑比克国防部长来访
5 月		埃及武装部队总司令、国防和军工生产部长来访
5 月	中央军委副主席出访土耳其、德国、芬兰	
5 月	南京军区政治委员出访罗马尼亚、保加利亚	
5 月	总装备部部长出访奥地利、白俄罗斯、俄罗斯	

时间	出访	来访
5 月		泰国军队最高司令来访
5 月		吉尔吉斯斯坦边防军司令来访
5 月	副总参谋长出访俄罗斯	
5 月	总政治部副主任出访西班牙、保加利亚	
5 月	副总参谋长出访肯尼亚、纳米比亚	
5 月		韩国国防部长来访
5 月		利比里亚国防部长来访
5 月	空军政治委员出访匈牙利、捷克、葡萄牙	
6 月	军事科学院院长出访西班牙	
6 月		纳米比亚国防军司令来访
6 月	总政治部副主任出访瑞典、芬兰	
6 月		苏里南国防军司令来访
6 月	总后勤部副部长出访加蓬参加人道主义医疗救援联合行动	
6 月		巴基斯坦空军参谋长来访
6 月		巴布亚新几内亚国防军司令来访
6 月	总后勤部政治委员出访挪威、瑞士	
7 月		马来西亚武装部队司令来访
7 月		厄瓜多尔联指司令来访
7 月		肯尼亚国防国务部长来访
7 月		苏丹国防部长来访

时间	出访	来访
7 月		日本海上自卫队参谋长来访
7 月		巴基斯坦国防部长来访
7 月		泰国国防部长来访
7 月	第二炮兵司令员出访乌克兰、塞尔维亚	
7 月		哥伦比亚"光荣号"训练舰来访
7 月	总参谋长出访俄罗斯并参加"和平使命—2009"中俄联演活动	
7 月		俄罗斯军队总长来访并参加"和平使命—2009"中俄联演活动
7 月		巴基斯坦海军参谋长来访
8 月	总装备部副部长出访乌克兰、挪威	
8 月	总政治部主任出访匈牙利、罗马尼亚、波兰	
8 月	海军"广州"号导弹驱逐舰访问文莱、印度尼西亚	
8 月		巴西地面作战司令来访
8 月		美国陆军参谋长来访
8 月	总装备部政治委员出访英国、沙特阿拉伯	
8 月	海军司令员出访德国、挪威	
8 月	海军"黄山"号导弹护卫舰、"微山湖"号综合补给舰访问巴基斯坦	

时间	出访	来访
8 月	海军"深圳"号导弹驱逐舰访问印度	
9 月	国防部长出访斯洛伐克、塞尔维亚、保加利亚	
9 月	副总参谋长出访德国	
9 月		摩尔多瓦军队总长来访
9 月		新西兰国防部长来访
9 月		蒙古国防部长来访
9 月		坦桑尼亚国防和国民服务部长来访
10 月	总政治部副主任出访朝鲜	
10 月	总参谋长出访澳大利亚、巴布亚新几内亚、新加坡	
10 月		印尼国防部秘书长来访
10 月	广州军区政治委员出访希腊、匈牙利	
10 月		刚果(金)国防部长来访
10 月	总后勤部副部长出访韩国、日本、印度尼西亚	
10 月		乌兹别克斯坦国防部长来访
10 月	中央军委副主席出访美国	
10 月		越南军队总政治部主任来访
10 月		马拉维国防部长来访
11 月		瓦努阿图内政部长来访
11 月	总装备部副部长出访泰国	

时间	出访	来访
11 月		朝鲜、韩国、日本、菲律宾、越南、泰国、巴基斯坦、孟加拉、埃及、巴西、乌拉圭、智利等国空军领导人来华参加空军和平与发展国际论坛
11 月		哈萨克斯坦边防军司令来访
11 月	总装备部副部长出访罗马尼亚	
11 月		多哥军队总参谋长来访
11 月		希腊陆军参谋长来访
11 月		马其顿军队总长来访
11 月	海军政治委员出访坦桑尼亚、南非	
11 月		巴西国防部长来访
11 月		塞内加尔军队总参谋长来访
11 月		巴林国防国务大臣来访
11 月	国防部长出访朝鲜、日本、泰国	
11 月	中央军委副主席出访俄罗斯	
12 月	副总参谋长出访印度、约旦	
12 月		菲律宾武装部队总长来访
12 月		亚美尼亚军队总长来访
12 月		巴基斯坦海军参谋长来访
12 月		哈萨克斯坦国防部长来访
2010 年		
1 月		新加坡陆军总长来访
1 月	副总参谋长出访巴基斯坦	
1 月		奥地利国防部长、总长来访

时间	出访	来访
1 月		意大利国防秘书长兼装备部长来访
1 月	副总参谋长出访罗马尼亚、英国	
2 月		日本陆上自卫队参谋长来访
2 月	副总参谋长出访埃及、肯尼亚、刚果(金)	
3 月		新加坡军舰来访
3 月		加纳国防部长来访
3 月		阿富汗国防部长随总统来访
3 月		尼泊尔国防部长来访
4 月	副总参谋长出访哈萨克斯坦参加"和平使命—2010"上海合作组织联演军事专家组磋商	
4 月	"马鞍山"号导弹护卫舰、"温州"号导弹护卫舰和"千岛湖"号综合补给舰访问菲律宾	
4 月	北京军区司令员出访委内瑞拉	
4 月	总政治部副主任出访加蓬、莫桑比克	
4 月	总装备部科技委员会副主任出访马来西亚	
4 月	副总参谋长出访加拿大、阿根廷	
4 月		秘鲁国防部长来访
4 月		新加坡副总理兼国防部长来访

时间	出访	来访
4月		越南国防部长来访
4月		乌干达国防部长来访
4月		刚果(布)国防部长来访
4月		古巴总长来访
5月	济南军区政治委员出访芬兰、保加利亚	
5月	军事科学院政治委员出访瑞典、德国	
5月		柬埔寨王家军总司令来访
5月		黎巴嫩军队参谋长来访
5月	中央军委副主席出访澳大利亚、新西兰、印度尼西亚	
5月		白俄罗斯国防部长来访
5月	副总参谋长出访老挝	
5月	第二炮兵政治委员出访希腊、斯洛伐克	
5月		新西兰海军海上部队司令率"塔卡哈"号护卫舰来访
5月	总装备部副部长出访法国、保加利亚	
5月	总参谋长出访纳米比亚、安哥拉、坦桑尼亚	
5月	总装备部部长出访意大利	
5月	国防部长出访巴基斯坦、土库曼斯坦、哈萨克斯坦	
5月		美太平洋总部司令、助理国防部长来访
5月	总政治部主任出访越南	

时间	出访	来访
5 月		法国军舰"索姆"号来访
6 月		阿曼国防事务主管大臣来访
6 月	济南军区司令员出访缅甸、日本	
6 月	副总参谋长出访新加坡	
6 月		挪威海军总监来访
6 月		阿联酋武装部队总参谋长来访
6 月	副总参谋长出访俄罗斯、塞尔维亚、马其顿	
6 月		津巴布韦国防军司令来访
6 月	总装备部科技委员会副主任出访法国	
6 月		巴基斯坦陆军参谋长来访
6 月	总装备部政治委员出访土耳其、柬埔寨	
6 月	国防大学校长出访土耳其、瑞典	
6 月		圭亚那国防军参谋长来访
6 月	总装备部副政治委员出访俄罗斯	
7 月		汤加国防军司令来访
7 月	副总参谋长出访俄罗斯观摩"东方—2010"演习	
7 月		英国国防参谋长来访
7 月		意大利海军参谋长来访
7 月	副总参谋长出访挪威	
7 月	空军司令员出访德国、英国	
7 月		卡塔尔武装部队总参谋长来访

时间	出访	来访
7月		新加坡国防部常务秘书来访
7月	第二炮兵司令员出访匈牙利、白俄罗斯	
7月		安哥拉国防部长来访
7月	总装备部副部长出访英国	
7月		老挝副总理兼国防部长来访
8月	总政治部副主任出访墨西哥、阿根廷	
8月		塞尔维亚国防部长来访
8月	总装备部科技委员会主任兼副部长出访白俄罗斯, 克罗地亚	
8月		玻利维亚国防部长来访
8月		希腊空军参谋长来访
8月	沈阳军区司令员出访朝鲜	
8月		新西兰国防秘书长来访
8月	副总参谋长出访蒙古	
8月	总政治部主任出访智利、新西兰	
8月		泰国国防部长来访
8月	国防部长出访墨西哥、哥伦比亚、巴西	
9月	总装备部副部长出访波兰	
9月	兰州军区司令员出访白俄罗斯、波兰	
9月	总后勤部政治委员出访肯尼亚、马来西亚	

时间	出访	来访
9 月	总参谋长赴哈萨克斯坦参加"和平使命—2010"上合组织联演活动	
9 月		斯里兰卡国防部常务秘书长来访
9 月		泰国军队最高司令来访
9 月		泰国空军司令来访
9 月		巴基斯坦海军参谋长访华
9 月		瑞士军队司令来访
9 月		柬埔寨副首相兼国防大臣来访
9 月	总政治部副主任出访约旦、埃及	
9 月		澳大利亚"瓦拉蒙加"号军舰来访
9 月	国防部长赴哈萨克斯坦观摩"和平使命—2010"上合组织联演实兵演练	
10 月	国防部长出访越南	
10 月	总后勤部副部长出访波兰、保加利亚	
10 月		赞比亚国防部长来访
10 月		意大利国防参谋长来访
10 月		波兰军队总长来访
10 月	中央军委副主席出访朝鲜	
10 月		阿塞拜疆国防部长来访
10 月		卢旺达国防部长来访
11 月	海军司令员出访巴西、智利、俄罗斯	

时间	出访	来访
11 月		俄罗斯国防部长来访
11 月	总参谋长出访厄瓜多尔、委内瑞拉、秘鲁	
11 月	总参谋长助理访问澳大利亚、新西兰	
11 月		厄瓜多尔陆军参谋长来访
11 月		巴基斯坦空军参谋长来访
11 月	总参谋长助理访问菲律宾、印度尼西亚	
11 月		塞拉利昂国防部长来访
11 月	兰州军区政委出访突尼斯、埃塞俄比亚	
11 月		英国陆军参谋长来访
11 月		荷兰皇家海军司令来访
11 月		罗马尼亚国防部长来访
11 月	中央军委副主席出访阿联酋、叙利亚、约旦	
11 月	总装备部部长出访德国、瑞典	
11 月	副总参谋长出访新加坡、越南、泰国	
11 月		德国国防部长来访
11 月		越南海军政委来访
11 月		孟加拉陆军参谋长来访
11 月		南非国防秘书、国防军司令来访
11 月		苏里南国防部长来访
12 月	副总参谋长出访美国、古巴	

时间	出访	来访
12 月		印尼陆军参谋长来访
12 月		以色列海军司令来访
12 月		奥地利军队总参谋长来访
12 月		菲律宾武装部队总参谋长来访
12 月		新加坡海军总长来访
12 月		蒙古军队总参谋长来访

附录 2

2009—2010 年中国军队参加战略磋商与对话情况

时间	磋商对话名称	对话国
2009 年		
3 月	中新第二次两军战略对话	新西兰
3 月	中新第二次防务政策对话	新加坡
6 月	中美第十次国防部防务磋商	美国
7 月	中蒙第四次防务安全磋商	蒙古
9 月	中越第三次国防部防务安全磋商	越南
9 月	中德两军防务战略磋商	德国
10 月	中澳第十二次防务战略磋商	澳大利亚
10 月	第三届中印国防部防务安全磋商	印度尼西亚
10 月	中泰国防部第八次防务安全磋商	泰国
2010 年		
1 月	中印第三届防务安全磋商	印度
1 月	中巴第七届防务安全磋商	巴基斯坦
2 月	中英两军防务战略磋商	英国
3 月	中埃首次防务合作委员会会议	埃及
4 月	中巴国防部交流与合作联合委员会第一次会议	巴西
5 月	中土第一次军事合作高级对话会	土耳其
6 月	中新第三次战略磋商	新西兰
6 月	中俄两军第十三次总参谋部战略磋商	俄罗斯
7 月	中新第三次防务政策对话	新加坡
8 月	中蒙国防部第五次防务安全磋商	蒙古
11 月	中南防务委员会第四次会议	南非

时间	磋商对话名称	对话国
11 月	中越第四次防务安全磋商	越南
11 月	中泰国防部第九次防务安全磋商	泰国
12 月	中美第十一次国防部防务磋商	美国

附录 3

2009—2010 年中国军队与外国军队的联演联训情况

时间	名称	地点
2009 年		
3 月 5 日至 14 日	"和平—09" 多国海上联合演习	阿拉伯海
6 月 17 日至 30 日	"和平天使—2009" 中加（蓬）人道主义医疗救援联合行动	加蓬 奥果韦·伊温多省
6 月 18 日至 26 日	"合作—2009" 中新（加坡）安保联合训练	中国 广西桂林
6 月 26 日至 7 月 4 日	"维和使命—2009" 中蒙维和联合训练	中国 北京
7 月 22 日至 26 日	"和平使命—2009" 中俄联合反恐军事演习	俄罗斯 哈巴罗夫斯克 中国 吉林洮南
9 月 10 日至 26 日	"友谊行动—2009" 中罗山地部队联合训练	罗马尼亚 布拉德
2010 年		
7 月 1 日至 11 日	"友谊—2010" 中巴联合反恐训练	中国 宁夏青铜峡
9 月 9 日至 25 日	"和平使命—2010" 上合组织联合反恐军事演习	哈萨克斯坦 马特布拉克
9 月 23 日、9 月 29 日	中澳海军海上联合搜救演练和陆战队员基础科目联训	中国 山东青岛、广东湛江
9 月 24 日	中澳海军海上联合演习	澳大利亚 悉尼外海
10 月 6 日至 20 日	"突击—2010" 中泰第三次陆军特种部队反恐联合训练	中国 广西桂林

时间	名称	地点
10 月 7 日	中澳海上联合演练	澳大利亚 达尔文外海
10 月 26 日至 11 月 14 日	"蓝色突击—2010"中泰第一次海军陆战队联合训练	泰国 梭桃邑
11 月 1 日至 14 日	"友谊行动—2010"中罗山地部队联合训练	中国 云南昆明
11 月 7 日至 14 日	中土第一次陆军突击分队联合训练	土耳其
11 月 18 日至 26 日	"合作—2010"中新第二次安保联合训练	新加坡
2010 年 11 月 23 日至 30 日	"和平天使—2010"中秘人道主义医疗救援联合作业	秘鲁

附录 4

中国参加联合国维持和平行动情况
（截至 2010 年 12 月 31 日）

联合国维和行动	英文缩写	参加时间	维和部队人数		军事观察员和参谋军官人数		维和警察人数	
			当前	累计	当前	累计	当前	累计
联合国停战监督组织	UNTSO	1990 年 4 月至今			4	99		
联合国伊拉克—科威特观察团	UNIKOM	1991 年 4 月至 2003 年 10 月				164		
联合国西撒哈拉公民投票特派团	MINURSO	1991 年 9 月至今			11	337		
联合国柬埔寨临时权力机构	UNTAC	1991 年 12 月至 1993 年 9 月		800		97		
联合国莫桑比克行动	ONUMOZ	1993 年 6 月至 1994 年 12 月				20		
联合国利比里亚观察团	UNOMIL	1993 年 11 月至 1997 年 9 月				33		
联合国阿富汗特派团	UNSMA	1998 年 5 月至 2000 年 1 月				2		
联合国塞拉利昂特派团	UNAMSIL	1998 年 8 月至 2005 年 12 月				37		
联合国维持和平行动部	UNDPKO	1999 年 2 月至今			6	17		

联合国维和行动	英文缩写	参加时间	维和部队人数		军事观察员和参谋军官人数		维和警察人数	
			当前	累计	当前	累计	当前	累计
联合国东帝汶支助团	UNMISET	2000年1月至2006年7月						207
联合国埃塞俄比亚—厄立特里亚特派团	UNMEE	2000年10月至2008年8月				49		
联合国波黑特派团	UNMIBH	2001年1月至2002年1月						20
联合国刚果（金）特派团	MONUC	2001年4月至2010年6月		2180		116		
联合国利比里亚特派团	UNMIL	2003年10月至今	558	6138	8	87	18	117
联合国阿富汗支助团	UNAMA	2004年1月至2005年5月						3
联合国科特迪瓦行动	UNOCI	2004年3月至今			6	46		
联合国科索沃特派团	UNMIK	2004年4月至今						73
联合国海地稳定特派团	MINUSTAH	2004年5月至今					28	1090
联合国布隆迪特派团	ONUB	2004年6月至2006年9月				6		
联合国苏丹特派团	UNMIS	2005年4月至今	435	3045	21	130	22	80
联合国驻黎巴嫩临时部队	UNIFIL	2006年3月至今	335	2192	9	43		

联合国维和行动	英文缩写	参加时间	维和部队人数		军事观察员和参谋军官人数		维和警察人数	
			当前	累计	当前	累计	当前	累计
联合国东帝汶综合特派团	UNMIT	2006 年 10 月至今			2	11	24	75
联合国塞拉利昂综合办事处	UNIOSIL	2007 年 2 月至 2008 年 2 月				1		
联合国/非盟达尔富尔特派团	UNAMID	2007 年 11 月至今	315	1260	11	27		
联合国刚果（金）稳定特派团	MONUSCO	2010 年 7 月至今	218	436	16	17		
合计			1861	16051	94	1339	92	1665

附录 5

2009—2010 年中国军队参与国际灾难救援情况

时间	地点	原因	筹措和援助物资	物资价值（人民币）	专业力量救援
2009.05	斯里兰卡	难民救助	帐篷	3000 万	
2009.05	巴基斯坦	难民救助	药品材料、帐篷、毛巾被、净水设备	3000 万	
2009.05	墨西哥	猪流感	药品	2700 万	
2010.01	海地	地震	帐篷、净水设备、药品	3000 万	参与中国国际救援队、派遣人民解放军医疗防疫救护队前往救援
2010.01	蒙古	雪灾	粮食、食品、发电机、棉被	1000 万	
2010.03	智利	地震	帐篷、毛巾被、净水设备、发电机	200 万美元	
2010.08	俄罗斯	森林火灾	消防器材	2000 万	
2010.08	巴基斯坦	水灾	帐篷、毛巾被、净水设备、发电机、药品	1.1 亿	参与中国国际救援队、派遣人民解放军医疗救援队和直升机救援队前往救援

附录 6

2008 年中国七大类常规武器进出口情况

武器类别	出口		进口	
	进口国	数量	出口国	数量
装甲战斗车	卢旺达	20		无
作战飞机	巴基斯坦	6		无

附录7

2009 年中国七大类常规武器进出口情况

武器类别	出口		进口	
	进口国	数量	出口国	数量
装甲战斗车	纳米比亚	21		无
	刚果（布）	9		
	加纳	48		
作战飞机	尼日利亚	15		无
	巴基斯坦	11		
	坦桑尼亚	2		
	委内瑞拉	6		
攻击直升机		无	俄罗斯	6
导弹和导弹发射架	泰国	12		无
	马来西亚	16		

附录 8

2009—2010 年中国颁发的主要军事法律法规

法律、法规名称	制定机关	颁发时间
军服管理条例	国务院、中央军委	2009 年 1 月 13 日
军队干部选拔任用工作程序规定（试行）	总政治部（经中央军委批准）	2009 年 1 月 16 日
中国共产党军队各级代表大会代表任期制实施办法	中央军委	2009 年 2 月 19 日
军队基层建设纲要（修订）	中央军委	2009 年 6 月 12 日
中华人民共和国人民武装警察法	全国人大常委会	2009 年 8 月 27 日
中国人民解放军思想政治教育大纲	总政治部（经中央军委批准）	2009 年 11 月 9 日
中国人民解放军军区（战区）司令部工作条例（修订）	中央军委	2009 年 11 月 19 日
中国人民解放军陆军集团军和兵种专业部队司令部工作条例（修订）	中央军委	2009 年 11 月 19 日
中国人民解放军省军区军分区预备役部队司令部工作条例（修订）	中央军委	2009 年 11 月 19 日
中国人民解放军海军司令部工作条例（修订）	中央军委	2009 年 11 月 19 日
中国人民解放军空军司令部工作条例（修订）	中央军委	2009 年 11 月 19 日
中国人民解放军第二炮兵司令部工作条例（修订）	中央军委	2009 年 11 月 19 日
中国人民解放军后勤司令部工作条例（修订）	中央军委	2009 年 11 月 19 日

法律、法规名称	制定机关	颁发时间
中国人民解放军装备司令部工作条例(修订)	中央军委	2009 年 11 月 19 日
中国人民武装警察部队司令部工作条例(修订)	中央军委	2009 年 11 月 19 日
中国人民解放军标准时间管理规定	中央军委	2009 年 11 月 19 日
中华人民共和国国防动员法	全国人大常委会	2010 年 2 月 26 日
中国人民解放军内务条令(修订)	中央军委	2010 年 6 月 3 日
中国人民解放军纪律条令(修订)	中央军委	2010 年 6 月 3 日
中国人民解放军队列条令(修订)	中央军委	2010 年 6 月 3 日
中国人民解放军现役士兵服役条例(修订)	国务院、中央军委	2010 年 7 月 26 日
中国人民解放军政治工作条例(修订)	中央军委	2010 年 8 月 9 日
中华人民共和国预备役军官法(修订)	全国人大常委会	2010 年 8 月 30 日
中华人民共和国无线电管制规定	国务院、中央军委	2010 年 8 月 31 日
中国人民解放军干休所工作条例	中央军委	2010 年 8 月 31 日
中国共产党军队纪律检查委员会工作条例	中央军委	2010 年 8 月 31 日
武器装备质量管理条例	国务院、中央军委	2010 年 9 月 30 日
军队干部保健工作规定	总参谋部、总政治部、总后勤部、总装备部(经中央军委批准)	2010 年 10 月 31 日

图书在版编目(CIP)数据

2010 年中国的国防/中华人民共和国国务院新闻办公室.
-北京:人民出版社,2011.3
ISBN 978－7－01－009606－3

Ⅰ.①2…　Ⅱ.①中…　Ⅲ.①国防建设-概况-中国-2010
Ⅳ.①E25

中国版本图书馆 CIP 数据核字(2011)第 002946 号

2010 年中国的国防

2010 NIAN ZHONGGUO DE GUOFANG

(2011 年 3 月)

中华人民共和国国务院新闻办公室

人民出版社 出版发行
(100706　北京朝阳门内大街 166 号)

环球印刷(北京)有限公司印刷　新华书店经销

2011 年 3 月第 1 版　2011 年 3 月北京第 1 次印刷
开本:850 毫米×1168 毫米 1/32　印张:3
字数:49 千字　印数:00,001-20,000 册

ISBN 978－7－01－009606－3　定价:8.50 元

邮购地址 100706　北京朝阳门内大街 166 号
人民东方图书销售中心　电话 (010)65250042　65289539